I0813876

Gato bengala

Grace Hansen

Published by Abdo Kids, a division of ABDO, P.O. Box 398166, Minneapolis, Minnesota 55439.

Printed in the United States of America, North Mankato, Minnesota.

052017

092017

Spanish Translator: Maria Puchol

Photo Credits: Depositphotos Enterprise, iStock, Shutterstock, Thinkstock

Production Contributors: Teddy Borth, Jennie Forsberg, Grace Hansen

Design Contributors: Dorothy Toth, Laura Mitchell

Publisher's Cataloging in Publication Data

Names: Hansen, Grace, author.

Title: Gato bengala / by Grace Hansen.

Other titles: Bengal cats

Description: Minneapolis, Minnesota : Abdo Kids, 2018. | Series: Gatos | Includes bibliographical references and index.

Identifiers: LCCN 2016963241 | ISBN 9781532101953 (lib. bdg.) | ISBN 9781532102752 (ebook)

Subjects: LCSH: Bengal cats--Juvenile literature. | Spanish language materials--Juvenile literature.

Classification: DDC 636.8/22--dc23

LC record available at http://lccn.loc.gov/2016963241

Contenido

Los gatos bengala 4

Cuidados 16

Personalidad y actividades 18

Más datos 22

Glosario 23

Índice 24

Código Abdo Kids 24

Los gatos bengala

¡Los gatos bengala parecen gatos salvajes! Pero en realidad, son buenos gatos **domésticos**.

Los gatos bengala pueden ser de muchos colores. La mayoría son blancos, de color café o plateados.

color café

plateado

blanco

El **diseño** de su pelo le da esa apariencia **única**. Algunos gatos bengala tienen marcas que se llaman rosetas. Otros tienen el diseño atigrado.

roseta

Los gatos bengala tienen los ojos grandes y ovalados. Pueden ser de cualquier tonalidad de azul, verde, dorado o **pardo**. Las orejas son redondas en la punta.

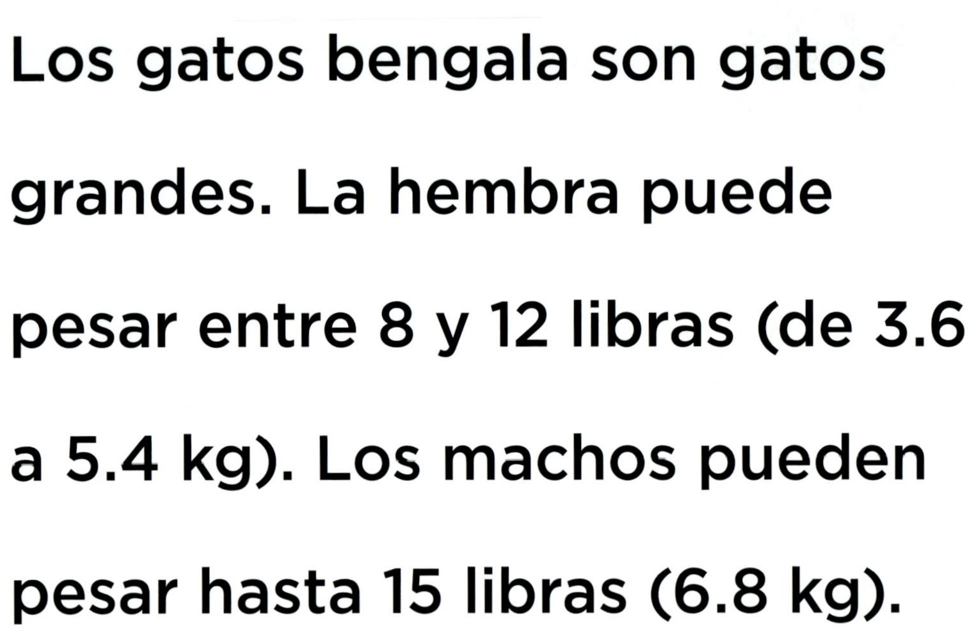

Los gatos bengala son gatos grandes. La hembra puede pesar entre 8 y 12 libras (de 3.6 a 5.4 kg). Los machos pueden pesar hasta 15 libras (6.8 kg).

El cuerpo de los gatos bengala es **elegante** y fuerte. Sus patas traseras son más largas que las delanteras. Les sirven para saltar alto.

Cuidados

¡Los gatos bengala se **cuidan** solos! Pero es bueno cepillarlos una vez a la semana. Esto hace que el pelo esté saludable.

Personalidad y actividades

Los gatos bengala tienen mucha energía. También son muy inteligentes. Los juguetes para gatos los mantienen ocupados. ¡Pero su actividad favorita es jugar con la familia!

Los gatos bengala son cariñosos y sociables. Les gusta acurrucarse con su familia cuando no están trepando o jugando.

Más datos

- Los gatos bengala no maúllan como los demás gatos. En su lugar estos gatos ladran, pían, chillan y aúllan.

- El gato bengala se **crió** para tener la belleza de un gato salvaje con la personalidad de un gato **doméstico**.

- Al contrario que el resto de los gatos, a los bengala les encanta el agua. Esta característica les viene de su **antepasado**, el gato leopardo asiático.

Glosario

antepasado – miembro de la familia de una persona o animal que murió hace años.

criar – cruzar animales para que tengan una apariencia específica y puedan hacer ciertas cosas.

cuidar – mantener limpio.

diseño – dibujo repetido.

doméstico – manso, que no es salvaje.

elegante – delgado y delicado.

pardo – color café rojizo o café verdoso.

único – muy especial y diferente.

Índice

color 6, 10

cuerpo 14

cuidar 16

jugar 18, 20

marcas 8

ojos 10

orejas 10

patas 14

pelo 6, 8, 16

personalidad 18, 20

salud 16

tamaño 12

abdokids.com

¡Usa este código para entrar en abdokids.com y tener acceso a juegos, arte, videos y mucho más!

Código Abdo Kids:

CBK9190